# Animales en mi patio
# OSOS NEGROS

Pamela McDowell

www.av2books.com

Visita nuestro sitio **www.av2books.com** e ingresa el código único del libro.

Go to www.av2books.com, and enter this book's unique code.

## CÓDIGO DEL LIBRO
## BOOK CODE

**J200793**

AV² de Weigl te ofrece enriquecidos libros electrónicos que favorecen el aprendizaje activo.

AV² by Weigl brings you media enhanced books that support active learning.

**El enriquecido libro electrónico AV² te ofrece una experiencia bilingüe completa entre el inglés y el español para aprender el vocabulario de los dos idiomas.**

This AV² media enhanced book gives you a fully bilingual experience between English and Spanish to learn the vocabulary of both languages.

**Spanish**          **English**

## Navegación bilingüe AV²
## AV² Bilingual Navigation

**CHANGE LANGUAGE**
**ENGLISH  SPANISH**

**OPCIÓN DE IDIOMA**
LANGUAGE TOGGLE

**CAMBIAR LA PÁGINA**
PAGE TURNING

**BACK  NEXT**

**CERRAR**
CLOSE

**INICIO**
HOME

**VISTA PRELIMINAR**
PAGE PREVIEW

**2**

# Animales en mi patio
# OSOS NEGROS

## CONTENIDO

3

Te presentamos al oso negro.

Tiene abundante pelaje negro. Su abundante pelaje negro lo mantiene calentito.

Observa a su mamá cuando es joven.

Cuando es joven, aprende a cazar y a pescar.

Percibe los olores con su gran nariz.

Con su gran nariz, puede encontrar alimento fácilmente.

Cava con sus largas zarpas.

Con sus largas zarpas, puede desenterrar plantas y dar vuelta troncos.

Se alimenta de carne con sus fuertes dientes.

Con sus fuertes dientes, puede desgarrar carne y pescado.

Utiliza diferentes sonidos
para comunicarse.

Para comunicarse, repiquetea, gruñe y ruge.

El oso negro vive en el bosque.

En el bosque hay agua y
alimento cerca.

Se mantiene a salvo de la nieve y del frío en su osera.

En su osera, dormirá durante todo el invierno.

Si te encuentras con el oso negro, podría asustarse. Quizás no huya.

Si te encuentras con un oso, aléjate.

21

# DATOS SOBRE LOS OSOS NEGROS

Estas páginas brindan información detallada que amplía aquellos datos interesantes que se encuentran en el libro. Se pretende que los adultos utilicen estas páginas como herramienta de aprendizaje para contribuir a que los jóvenes lectores completen sus conocimientos acerca de cada animal que se presenta en la serie de los *Animales en mi patio*.

**páginas 4–5**

**Los osos negros son mamíferos.** Los mamíferos están cubiertos de pelaje o vello. El pelaje de un oso negro puede ser negro, marrón o de tonalidad canela para poder mezclarse con su entorno y ocultarse del peligro. A veces, los osos negros pueden ser blancos. A menudo se los denomina osos Kermode. Los osos negros son del tipo más común en Norteamérica.

**páginas 6–7**

**Los osos negros bebés aprenden de sus mamás.** Mamá oso da a luz entre dos a tres cachorros durante el invierno. Pesan 7 onzas (200 gramos). Esto es casi lo mismo que un cartón de jugo. Los cachorros no pueden abrir sus ojos al nacer. La madre los cuida hasta la primavera. Los cachorros permanecen con su madre durante dos años y aprenden la forma de encontrar alimento, cazar y pescar. Cuando los cachorros abandonan a su madre, viven solos.

**páginas 8–9**

**El oso negro tiene una gran nariz.** Tienen una vista mediocre pero pueden oler y oír muy bien. Un oso negro se desplazará a favor del viento y permanecerá erguido en dos patas para oler el aire. Los osos negros pueden oler a su presa desde hasta 1 milla (1,6 kilómetros) de distancia. Usan su sentido del olfato para cazar animales pequeños y encontrar alimento en el bosque.

**páginas 10–11**

**Los osos negros tienen largas zarpas.** Sus zarpas además son filosas. El oso usa las zarpas para cavar, dar vuelta y agarrar objetos, para encontrar alimento como hormigas y otros insectos. Las fuertes zarpas también le sirven al oso para trepar los árboles rápidamente. Para alejarse del peligro, un cachorro puede trepar fácilmente 100 pies (30 metros), la altura de dos postes telefónicos apilados uno arriba del otro.

**páginas 12–13**

Se alimenta de carne con sus fuertes dientes.

Con sus fuertes dientes, puede desgarrar carne y pescado.

**Los osos negros tienen dientes fuertes.** Son omnívoros. Esto significa que se alimentan tanto de carne como de plantas. Los dientes fuertes y filosos les sirven para masticar carne dura y pescados resbalosos. La lengua larga les sirve para comer arándanos, bayas de los búfalos y hormigas. Para prepararse para el invierno, un oso negro puede pasar hasta 20 horas por día comiendo.

**páginas 14–15**

Utiliza diferentes sonidos para comunicarse.

Para comunicarse, repiquetea, gruñe y ruge.

**Los osos se comunican a través de diferentes sonidos.** Los osos negros se comunican con sonidos y acciones. Un oso puede repiquetear sus dientes entre sí, gruñir o rugir. Si se siente amenazado, podrá sacudir su cabeza y abrir su boca. Si siente curiosidad, podrá erguirse. Si está en peligro, el chillido de un cachorro joven puede sonar como el de un bebé humano.

**páginas 16–17**

El oso negro vive en el bosque. En el bosque hay agua y alimento cerca.

**Los osos negros viven en el bosque.** La mayoría vive en bosques tupidos alejados de los seres humanos. En general, en el bosque hay agua cerca. Los osos negros son buenos nadadores y pescan en ríos y lagos. Los osos pueden sentirse atraídos hacia zonas de campamento si la comida no se almacena en un lugar seguro. Un oso puede morder fácilmente un refrigerador para encontrar alimento.

**páginas 18–19**

Se mantiene a salvo de la nieve y del frío en su osera.

En su osera, dormirá durante todo el invierno.

**Los osos negros duermen en una osera para mantenerse calentitos.** Viven en oseras dentro de cuevas o debajo de tocones de árbol. La osera protege al oso de climas severos y le brinda un espacio para hibernar. Se mantendrá calentito y dormirá cuando sea difícil encontrar alimento. Algunos osos pueden pasar casi la mitad de su vida en sus oseras.

**páginas 20–21**

Si te encuentras con el oso negro, podría asustarse. Quizás no huya.

Si te encuentras con un oso, aléjate.

**Los osos negros a menudo se encuentran en parques y áreas naturales.** Los senderistas deberán hacer sonidos fuertes para advertirles a los osos que hay personas que están cerca. Si las personas sorprenden a un oso o se interponen entre una mamá oso y sus cachorros, el oso podrá atacar. Un oso negro puede correr 35 millas (56 km) por hora.

# ¡Visita www.av2books.com para disfrutar de tu libro interactivo de inglés y español!

## Check out www.av2books.com for your interactive English and Spanish ebook!

**1** Entra en www.av2books.com
Go to www.av2books.com

**2** Ingresa tu código
Enter book code

J 2 0 0 7 9 3

**3** ¡Alimenta tu imaginación en línea!
Fuel your imagination online!

# www.av2books.com

Published by AV² by Weigl
350 5ᵗʰ Avenue, 59ᵗʰ Floor  New York, NY  10118
Website: www.av2books.com     www.weigl.com

Library of Congress Cataloging-in-Publication Data

McDowell, Pamela.
  [Black bears. Spanish]
  Osos negros / Pamela McDowell.
    pages cm. --  (Animales en mi patio)
  Audience: K to grade 3.
  ISBN 978-1-62127-595-4 (hardcover : alk. paper) -- ISBN 978-1-62127-596-1 (ebook)
  1.  Black bear--Juvenile literature.  I. Title.
  QL737.C27M35818 2014
  599.78'5--dc23
                              2013000872

3 1907 00314 6924

Printed in the United States of America in North Mankato, Minnesota
1 2 3 4 5 6 7 8 9 0  17 16 15 14 13

032013
WEP050313

Project Coordinator: Aaron Carr
Spanish Editor: Tanjah Karvonen
Art Director: Terry Paulhus

Every reasonable effort has been made to trace ownership and to obtain permission to reprint copyright material. The publishers would be pleased to have any errors or omissions brought to their attention so that they may be corrected in subsequent printings.

Weigl acknowledges Getty Images as the primary image supplier for this title.